AF365855

MAURO JULINI

Il paradigma culturale della mediazione

Un'idea per la sua divulgazione

Titolo | Il paradigma culturale della mediazione
Autore | Mauro Julini
ISBN | 978-88-91182-04-3

Youcanprint Self-Publishing
Via Roma, 73 - 73039 Tricase (LE) - Italy
www.youcanprint.it
info@youcanprint.it
Facebook: facebook.com/youcanprint.it
Twitter: twitter.com/youcanprintit

Per informazioni sulla presente pubblicazione contattare
RISORSA CITTADINO SOC. COOP. A R.L.
Via Bruni n. 36, 47121 FORLÌ
TEL. 0543.370923 | FAX 0543.456527
informazioni@risorsacittadino.org
www.risorsacittadino.org

L'immagine di copertina è tratta da Freepik.com

SOMMARIO

CAPITOLO PRIMO
IL PARADIGMA CULTURALE

CAPITOLO SECONDO
LE NECESSITÀ DIVULGATIVE

CAPITOLO TERZO
LE ATTIVITÀ DIVULGATIVE

Dedico queste riflessioni alle donne e agli uomini che ho conosciuto e frequentato, che conosco e frequento e con cui ho avuto ed ho la fortuna di pensare, confrontarmi, scegliere ed agire.

Dedico, in particolare, questo lavoro a tutte le donne e gli uomini che hanno concorso a rendere possibile l'ideazione, l'avvio, la gestione e tutte le azioni passate, presenti e future per il rafforzamento e la capillare diffusione del progetto "Invece di Giudicare".

Ringrazio, di cuore, tutte le persone che hanno concorso alla preparazione di questa nuova fatica: Anna, Andrea, Maria Chiara, Marco, Claudia, Marino, Fausta, Massimo, Francesca e Gianluca.

PREFAZIONE

di Marco Marinaro

L'analisi della rapida e continua evoluzione della normativa italiana in materia di mediazione delle liti civili e commerciali a distanza di cinque anni dalla sua originaria adozione consente di ritenere che il cantiere legislativo sia destinato a rimanere ancora aperto.

E ciò non soltanto per le esigenze di adeguare le norme alla concreta operatività di un sistema ancora in fase di rodaggio anche mediante l'acquisizione di elementi interpretativi derivanti dagli orientamenti giurisprudenziali che sempre più puntualmente individuano princìpi e regole, ma anche perché la spinta europea per i sistemi di ADR appare tutt'altro che esaurita se di considera che entro il 9 luglio 2015 occorrerà recepire la Direttiva n. 11/2013 ("ADR per i consumatori").

Chi si fermi ad osservare la fenomenologia degli eventi che hanno accompagnato in questi anni la nascita della mediazione che trova la sua fonte ordinaria nel D.lgs. 4 marzo 2010 n. 28 non potrà fare a meno di rilevare che la crisi del sistema giurisdizionale italiano, inteso principalmente quale crisi di inefficienza nello smaltimento di una quantità ormai straordinaria di processi civili pendenti, ha determinato una propensione ad affrontare la mediazione in una prospettiva quasi esclusivamente deflativa.

Una sorta di vera e propria fuga dal processo quella delineata da una serie di riforme delle norme processuali nelle quali è stata anche calata obtorto collo la mediazione, giungendo a disegnare un quadro che è stato acutamente definito di "respingimento" del contenzioso. Questo complesso di norme finalizzate a scoraggiare l'azione giudiziaria ha suscitato da più parti preoccupazioni circa una sostanziale restrizione dell'accesso alla giustizia. In questa direzione assume un senso tanto più pregnante rimarcare come le più recenti riforme per la introduzione della negoziazione assistita e per il trasferimento in arbitrato forense sono state qualificate dal legislatore quali misure di "degiurisdizionalizzazione".

In questa prospettiva non può meravigliare che anche la sola lettura in chiave propriamente "alternativa" degli strumenti della mediazione e, più in generale, degli ADR ha creato profonde contrapposizioni che hanno condotto anche a ritenere che l'adozione di simili percorsi fossero non conformi al principio fondamentale per la tutela dei diritti sancito dall'art. 24, comma 1, Cost.

Questa esperienza lascia trasparire invero un problema di fondo. La questione giustizia civile con le gravose problematiche quantitative ha lasciato sullo sfondo le molteplici cause di questa situazione. Appare indubbio che l'elevato tasso di litigiosità ed il conseguente incremento esponenziale della domanda di giustizia avrebbero richiesto in primo luogo l'adozione della mediazione non quale strumento di deflazione del contenzioso (effetto che può conseguire soltanto in via del tutto indiretta), ma quale via privilegiata per la composizione pacifica dei conflitti in una prospettiva coesistenziale, solidaristica, condivisa, sostenibile.

Una nuova dimensione ancorata fortemente ai valori costituzionali in un sistema italo-comunitario delle fonti, nella quale la giurisdizione si ritrae nel suo naturale ambito per lasciare spazio a forme compositive negoziali, sia pur regolamentate, idonee non a respingere quanto ad accogliere i conflitti per offrire loro una sede idonea e strutturata. Soluzioni quindi adeguate alle liti ed agli interessi delle parti non in una prospettiva "degiurisdizionalizzante", ma in una logica di complementarità dei sistemi di ADR con una giurisdizione "minima", ricondotta alla sua naturale funzione dopo un periodo di ipertrofia patologica che ha condotto ad una sostanziale inefficacia che ne ha rinnegato la necessaria funzione.

Un sistema nel quale la tutela dei diritti non ponga in ombra l'assunzione responsabile dei doveri, e soprattutto ove la stessa non sia considerata il fine ultimo, nemmeno delle attività giurisdizionali posto che non occorre confondere il mezzo con il fine.

Una prospettiva dunque che avrebbe consentito un diverso approccio, evitando resistenze culturali e incomprensioni che hanno rallentato la diffusione, la comprensione e l'accoglimento della mediazione quale metodo per risolvere le controversie aventi ad oggetto diritti disponibili. Nessuna violazione dunque dell'art. 24, comma 1, Cost., ma una diversa impostazione giuridica e culturale che, attingendo alla caratura assiologica della mediazione, ponga le sue radici nei fondamentali princìpi di cui all'art. 2 Cost. per il pieno sviluppo della persona nelle sue relazioni comunitarie, secondo una visione solidaristica che orienta e fonda la mediazione nell'ordinamento costituzionale italiano.

Queste sono le ragioni per cui il progetto "Invece di giudicare" risponde ad una esigenza fondamentale affinché la mediazione possa evolvere correttamente e radicarsi nella cultura relazionale. Si tratta di un'opera necessaria e di straordinario rilievo sociale in attuazione dei più alti valori personalistici e solidaristici per la costruzione di una cultura non avversariale, una cultura delle relazioni umane improntata alla coesistenza pacifica e solidale, una cultura di educazione al conflitto quale occasione di crescita nell'autoresponsabilità e nel riconoscimento dell'altro.

E nel percorso progettuale si inserisce molto opportunamente e con assoluta puntualità il saggio di Mauro Julini, profondo cultore della mediazione, che dopo aver proposto con chiarezza e puntuale sintesi i princìpi fondanti della mediazione, illustra le strategie e le attività del progetto.

Una efficace ed utile guida che ha il pregio di informare e di formare.

PREFAZIONE

di Marino Maglietta

Ho accolto con piacere l'invito dell'amico Julini ad associarmi a lui nell'impresa di promuovere la "mediazione", come filosofia e come procedimento, a 360°, attraverso un grandioso progetto.

La mediazione, difatti, è concetto che a ben guardare investe ogni aspetto della vita sociale; e anche della vita interiore. Con un certo sforzo, che vale la pena di compiere, si impara col tempo a tollerare i propri difetti, ad accettare i propri limiti, a superare le sconfitte. Sono tutte forme di mediazione con se stessi, non prive di fatica e sacrificio, che si compiono in nome di un fondamentale principio: quello del vantaggio. Ritengo che l'argomento più persuasivo, il criterio più convincente per indurre qualcuno ad un comportamento piuttosto che ad un altro sia il tornaconto. La categoria più efficace è a mio parere quella dell'utile, non quella del giusto o del buono. Quando dico più "efficace" intendo quella che produce i migliori risultati, all'atto pratico, nel tempo più breve. Ecco perché se operazione "culturale" deve compiersi a favore della mediazione dovrà consistere essenzialmente nello spiegarne i vantaggi, la convenienza, rispetto alla via giudiziale. Il conflitto è essenzialmente conflitto di interessi e viene condotto e vissuto "civilmente" solo se e perché non conviene fare diversamente. Il ragazzino robusto è portato tipicamente ad affermarsi sui compagni a suon di pugni e si ferma solo quando ne trova uno più grosso da cui le prende. Da quel momento comincia a svolgere considerazioni di opportunità, a valutare prima di agire. E, sia pure in forma primitiva, ad accedere all'idea di "rispetto". Piano piano (non sempre, ma spesso) questo atteggiamento si permea a tal punto nel soggetto da diventare un suo "valore" e la sua pratica un atteggiamento mentale e un modus operandi.

Esistono però situazioni di crisi in cui lo schema ordinario salta, perché alcune esigenze primarie – economiche, affettive o altro – che si ritengono diritti violati, si presentano con caratteri di estrema urgenza. È a questo punto che si va dal giudice per vedere soddisfatte le proprie richieste. La via giudiziale, dunque, è vista certamente come meno diretta e veloce dei pugni del ragazzino, ma tuttavia meno rischiosa e quindi "vantaggiosa". Sempre sotto il profilo dell'utilità, alla mediazione non ci si pensa, quanto meno in prima battuta. E qui che il sistema legale ha le sue opportunità e gioca le sue carte. Ma le gioca male, molto male, come è ampiamente risaputo. Male con i tempi, male con i costi; male, soprattutto, con i risultati. E ogni volta che si giunge per questa via ad una decisione in tutto o in parte sbagliata (chi ha fatto l'esperienza dei tribunali sa quanto sia frequente la delusione) il contenzioso potenziale aumenta, anziché diminuire. Anche se può sembrare il contrario, se si può essere portati a ritenere che una giustizia ingiusta fa fuggire, allontanare da essa. Certo, per il soggetto penalizzato questa può essere la reazione iniziale, ma per questa via si giunge ad una riduzione delle cause solo se non si considerano tutte le variabili in gioco. Anzitutto perché chi ha perduto ingiustamente ha l'immediata tentazione dell'appello. In secondo luogo perché comportarsi male e non subirne le conseguenze induce nell'autore come nella vittima il convincimento che tanto vale non rispettare le regole, per cui chi aveva mal agito continua e chi non lo aveva fatto comincia. E quindi i motivi per litigare si moltiplicano.

Ovviamente questa è una descrizione estremamente semplificata. Esistono anche sentenze corrette e relativamente veloci. Ma, facendo attenzione alle cifre, è il caso di giocarsi ai dadi le proprie buone ragioni? Rammentiamoci che nel nostro paese la certezza del diritto per il cittadino resta di parecchi ordini indietro rispetto al competitivo parametro del potere discrezionale del giudice. "È rigore quando arbitro fischia" diceva qualcuno, e aveva perfettamente ragione, non solo nel gioco del calcio.

Ecco, allora, che l'idea, la prospettiva, di una soluzione per altra via, autogestita e quindi non rischiosa, diventa fortemente allettante. Non starò ad elencarne tutti i vantaggi, sarebbe fuori luogo in una prefazione. Mi limito a sottolineare due aspetti. Giustissimo, per quanto detto, cominciare a seminare nelle scuole. Quel ragazzino robusto ha tanto bisogno di alcuni suggerimenti; prima gli vengono dati e meglio è. In secondo luogo, non vorrei dare l'impressione di un pessimismo nero. La mediazione è anche un percorso trasformativo. Quello che si comincia a fare per interesse, poi diventa un'abitudine mentale, una "cultura". Che si può anche trasmettere. Ogni formato diventa formatore. Volontariamente o no, consapevolmente o no.

PREFAZIONE

di Massimiliano Anzivino e Fausta Anita Mancini

Quando Mauro ci ha chiesto di scrivere una prefazione a questo suo libro, abbiamo accettato con piacere perché leggendolo avevamo sentito profumo di buono, di qualcosa che va oltre le purtroppo frequenti rivalità, competizioni che minano la vera crescita di ciò in cui crediamo. Questo profumo di pace ci ha ricordato il noto proverbio keniano: *"se vuoi arrivare primo corri da solo, se vuoi arrivare lontano corri insieme"*. E l'autore vuole senza dubbio arrivare lontano! Certamente Mauro Julini ha ampiamente dimostrato con il suo impegno di lavorare "insieme" con cuore e grande passione e soprattutto per le generazioni future.

È proprio tra i giovani che è più facile e proficuo seminare la mediazione per dare maggiore propulsione allo sviluppo di una cultura di pace, e come tale è da intendersi il progetto "Invece di giudicare", un investimento sociale, un insegnamento di vita per un'educazione alla felicità.

Il progetto "Invece di giudicare" è stato avviato da oltre 4 anni e da allora ha raggiunto tante regioni del nostro paese e continua a diffondersi e camminare. Ci si potrebbe chiedere: perché proprio adesso questa pubblicazione?

Forse perché per fare un cammino è necessario un tempo, forse perché a volte non ci sono risposte definitive e le possiamo costruire solo strada facendo, forse perché c'è bisogno di fare il punto, specie in una materia complessa e per certi versi ancora nuova come la mediazione. Resta fondamentale mantenere una direzione e questa proposta è certamente una buona occasione per farlo e per offrire un contributo a questa vera e propria proposta Culturale. La mediazione, per quanto si declini in diversi ambiti (familiare, civile e commerciale, sociale, comunitaria, scolastica, penale...), e quindi possano sembrare differenti mediazioni, presenta tuttavia a nostro avviso un elemento basilare che le accomuna tutte: il conflitto.

Parliamo di quelle situazioni che danno origine a rotture e a separazioni della relazione. Nei conflitti, controversie o in qualunque altro modo vogliamo definirli e di qualunque natura siano, troviamo un groviglio di elementi: vissuti di offesa, bisogno di riconoscimento, senso di ingiustizia e di rabbia che danno origine a violenza e sofferenza. Spesso alla violenza si tende a rispondere con altra violenza, con una vendetta e la situazione assume i connotati di una guerra o di un fallimento. Anche il ricorso alla autorità giudiziaria può essere vista come una vendetta, se ci pensiamo, poiché nel nostro ordinamento giuridico retributivo è quello che si prevede.

Esiste anche un altro aspetto da considerare, sempre presente nell'esperienza di Jacqueline Morineau, ancora impegnata a diffondere nel mondo il suo modello di mediazione umanistica ed alla cui scuola abbiamo ricevuto la nostra formazione: *"alla base della violenza si trova sempre una grande sofferenza"*. Spesso in mediazione si assiste proprio all'emergere di queste sofferenze, di soffocanti vissuti di separazioni che a poco a poco, accolti ed attraversati, si trasformano nella possibilità di una "vita nuova". Ma in tante occasioni il conflitto rimane non detto, zittito per paura e incapacità di poterlo mettere sul tavolo, fino alle più dure e devastanti esplosioni. Per questo è forte l'esigenza di trasmettere questo strumento nella vita di tutti i giorni, tra la gente, tra le nuove generazioni, in modo da interrompere escalation di sofferenze, violenze, guerre, per configurarsi come un progetto verso una società più bella, vera, umana.

Tiziano Terzani, a proposito della guerra, scrive che *"importante è capire che fra queste due rabbie esiste un legame: ciò non significa confondere le vittime coi boia, significa solo rendersi conto che, se vogliamo capire il mondo in cui siamo, lo dobbiamo vedere nel suo insieme e non solo dal nostro punto di vista."*. Con l'incontro di mediazione è possibile aprirsi all'ascolto del punto di vista dell'altro, prendere consapevolezza delle ragioni dell'altro, ri-conoscendo il "nemico"

come essere umano. Ma ancor di più si apre la porta alla conoscenza profonda di sé.

La mediazione, dopo avere dato spazio e parola alle emozioni, propone di andare "oltre" verso i valori, verso la dimensione spirituale, così tanto e troppo spesso compressa nella nostra attuale società che purtroppo sa molto bene "giudicare" e al contempo non conosce alternative a questo meccanismo. Qui il titolo del progetto, "Invece di giudicare", racchiude in sé già una profonda riflessione critica e propositiva.

La mediazione riconsegna responsabilità alle parti coinvolte e quindi una diversa conoscenza di quanto accaduto e vissuto. Naviga alla volta di una soddisfazione che "riempie", tranquillizza e rasserena, propone una sorta di pacificazione delle parti coinvolte, un'educazione emotiva e sociale di cui si sente tanto bisogno.

Questo comporta anche un andare "oltre" i ruoli: moglie-marito, reo-vittima, genitore-figlio, capo-sottoposto, per ristabilire una relazione tra persone autentiche ad un livello di verità che proprio i ruoli-gabbia nascondono: permette di rimettere al centro la relazione, il dialogo (parole chiave di questo testo); permette di aprire e sperimentare uno sguardo diverso, quello di cui c'è bisogno per trasformare il conflitto e, in termini forse ideali, l'essere umano in persona giusta, capace di vivere in pace e finalmente felice.

Forse solo convincendoci dell'impossibilità di perseguire la propria felicità "*a scapito della felicità di altri e che, come la libertà, anche la felicità è un bene indivisibile*", "*solo se riusciamo a vedere l'universo come un tutt'uno in cui ogni parte riflette la totalità e in cui la grande bellezza sta nella diversità, cominceremo a capire chi siamo e dove stiamo*" (T. Terzani).

PREFAZIONE

di Francesca Genzano

La riflessione su come promuovere e valorizzare nuove e più efficaci forme di giustizia nasce dalla consapevolezza che il diffondersi della violenza nelle relazioni e la crescente insoddisfazione degli esiti della giustizia civile e penale, in un momento storico di profonda crisi valoriale e della famiglia, sottolineano l'urgenza di dover intervenire tempestivamente, ed in modo costruttivo, per prevenire e gestire i conflitti relazionali. In tale particolare momento storico, caratterizzato da significative fratture sociali ed aspettative tradite, la mediazione può davvero rappresentare lo strumento privilegiato per promuovere una cultura di pace, fondata sul rispetto e la responsabilità consapevole, perché lavora sulle esperienze di in-giustizia ed accoglie il dolore che ne deriva, creando uno spazio ed un tempo di riconoscimento reciproco e di trasformazione.

In tale spazio e tempo, il conflitto ed il consenso rappresentano l'essenza logica del processo relazionale che racchiude la mediazione, proprio in quanto si risolve nella ricerca di senso e di significato e nella individuazione di una intesa tra le persone coinvolte nel conflitto, attraverso il processo maieutico che viene attivato dal mediatore, professionista "equiprossimo" o "equivicino" alle parti.

Per cogliere il senso profondo della mediazione occorre però prendere coscienza di quei meccanismi di dominio *dell'uomo sull'uomo* che sono sempre esistiti fin dalle epoche più antiche. Tutti i conflitti presentano infatti la stessa evoluzione, in quanto la violenza si manifesta come risposta alla sofferenza di ciascun individuo e nel suo drammatico manifestarsi, può essere onda inarrestabile poiché presenta uno scambio reciproco di gesti che reclamano vendetta. Ne nasce un ciclo che si autoalimenta e che deve essere interrotto uscendo dall'ambito della violenza individuale per spostarsi verso un atto collettivo in grado di assolvere la funzione di regolatore sociale.

Questa è la funzione che la mediazione si propone di ritrovare, atteso che la giustizia ordinaria si muove solo all'interno di una relazione colpa/punizione tesa al ristabilimento dell'ordine e della sicurezza sociale e non offre alcuno spazio per accogliere il disordine.

La mediazione invece vuole e può offrire uno spazio al disordine, lasciando libertà di espressione al dolore taciuto, in un tempo in cui il dramma personale può prendere forma e ritrovare dignità attraverso la parola.

Il linguaggio in mediazione è una indispensabile negoziazione di significati, *"una necessità per entrare in contatto con l'altro… è intuizione, è un dare la parola e la possibilità all'emozione di gridare."*[1]

Spesso in mediazione ciò che le parti dicono non rappresenta ciò che davvero sentono; *"La giustizia riceve la denuncia, la mediazione lascia spazio al grido e al lamento. Emerge sempre il bisogno di giustizia. Se io ho bisogno di verità, anche l'altro cerca la verità, la libertà, la giustizia: ciascuno cerca un ponte"*[2]; è compito

---

[1] Jacqueline Morineau, Appunti da un discorso al Convegno Internazionale sulla Mediazione, Pescara 2006.
[2] Jacqueline Morineau, Appunti da un discorso al Convegno Internazionale sulla Mediazione, Pescara 2006.

del mediatore diventare ponte tra la parola pronunciata e quella non detta, trovare il senso nascosto delle parole, far emergere la speranza di trovare la pace attraverso la narrazione della propria verità e l'ascolto della verità dell'altro.

È fondamentale far emergere, all'interno del conflitto, la relazione tra il livello cognitivo e quello emozionale e ciò perché la storia che ognuno racconta si colloca in gran parte a livello cognitivo, mentre la realtà della sofferenza si colloca a livello emozionale.

La realtà in mediazione è un tutt' uno con la narrazione delle storie delle persone coinvolte ed ancor prima con l'opportunità di dare voce al proprio diritto di narrare.

Narrare un'esperienza di ingiustizia ad un mediatore significa accedere ad uno spazio protetto e libero, di ascolto e di parola, di silenzio e riconoscimento, in cui esplode prima la possibilità di dare una nuova cornice al vissuto, poi la consapevolezza di un senso ed un significato "altro" al senso di responsabilità.

"Nella mediazione, il mediatore semina granelli di cambiamento, apre la porta ad un nuovo cammino: non deve sapere se i mediati lo seguiranno (è una loro scelta) ma egli confida nella potenza d'azione della parola, della verità e nella capacità di ogni individuo di rinascere a sé stesso, con coraggio e responsabilità."[3]

La narrazione in mediazione è "altro" dalla narrazione che avviene davanti ad un giudice: il linguaggio del giudice è quello del giudizio, quello del mediatore è del non-giudizio. Quest'ultimo è un linguaggio dell'accoglienza che *"accoglie sia la parola che vela sia quella che svela, un linguaggio che nasce dal situarsi tra i confliggenti, dallo stare in mezzo e insieme con loro,*

---

[3] Jacqueline Morineau, Intervista rilasciata alla Dott.ssa Francesca Genzano, Binanville (Parigi) Aprile 2011.

dal situarsi all'interno dell'ambiguità del linguaggio con lo stesso coraggio con le quali accetta di lavorare con le parti nel disordine, nel non-consenso che le parti esprimono."[4]

L'esperienza narrativa è essa stessa una mediazione, e viceversa la mediazione è una esperienza narrativa tras-formativa: il comune obiettivo è far emergere l'umanità delle persone, dando voce all'umiltà più profonda e responsabile, per restituire senso e significato a quell'urgenza "riparativa" che non può essere separata dall'esperienza personale di chi vuole affermarla.

Un mediatore impara, con la pratica della mediazione, a narrare la propria storia di mediatore grazie alle narrazioni degli uomini e delle donne che, nella faticosa ricerca di una riparazione all'offesa subita o alla ferita provocata, si impegnano nel voler restituire dignità al dolore e responsabilità al perdono.

Tra i principali campi applicativi di questo strumento privilegiato per la gestione dei conflitti, il **penale** ed il **familiare** ben si inseriscono e si sviluppano in tale prospettiva umanistica.

Sono però necessari sempre più interventi strutturati di diffusione della mediazione quale strumento privilegiato per affrontare e trasformare i conflitti. Di tanto si è presa coscienza anche in Italia sia a livello culturale sia a livello politico, tant'è che il legislatore, sia in materia di diritto penale che di diritto di famiglia, sia in materia di diritti disponibili, è intervenuto con specifiche normative.

Normative che, oggi più che mai, attesa anche la riforma della giustizia civile e l'introduzione della mediazione in materia civile e commerciale, rappresentano un forte impatto innovativo su tutti gli standard di intervento nel mondo della giustizia, ed anche un

---

[4] "La parola nella mediazione penale" di Federica Brunelli, www.ristretti.it/areestudio/giuridici/mediazione/brunelli.html

vivace sentire di cambiamento in tutte le culture di servizio che fanno da sfondo al lavoro di avvocati, medici, psicologi, educatori, assistenti sociali ed operatori tutti dei servizi alla famiglia.

CAPITOLO PRIMO
IL PARADIGMA CULTURALE

1. LA TENDENZA GLOBALE

L'ampio, diffuso e profondo processo di globalizzazione ed una crescente diffusione d'impostazioni pragmatiche nelle scelte pubbliche riguardanti le modalità di gestione dei conflitti in generale, e il funzionamento degli ordinamenti giudiziari in particolare, ci consente di poter intravedere una lenta ma costante tendenza, a fianco degli ordinari strumenti processuali, di crescenti spazi di modalità di risoluzione extragiudiziale delle controversie.

Tali modalità, alcune delle quali (mediazione e arbitrato) con radici antiche, si stanno diffondendo e sono note, individuate ed indicate con gli acronimi A.D.R. (Alternative Dispute Resolution) o O.D.R. (Online Dispute Resolution). Le seconde rappresentano l'applicazione e al tempo stesso la versione informatica e telematica delle prime.

L'insieme di tali modalità, unite dal denominatore comune di essere realizzabili e realizzate in luoghi diversi dalle normali aule di giustizia, è formato da procedure e procedimenti, anche molto diversi fra loro, con ruoli diversi rivestiti dai soggetti coinvolti (che nei metodi aggiudicativi decidono per conto delle parti) e con gradi diversi di coinvolgimento e responsabilizzazione delle parti coinvolte.

A tal proposito potrebbe essere utile osservare le due seguenti tabelle:

TIPOLOGIE

metodi aggiudicativi	metodi non aggiudicativi
ARBITRATO	NEGOZIAZIONE
	FACILITAZIONE
	MEDIAZIONE
	DIRITTO COLLABORATIVO
	RITO PARTECIPATIVO

SIMILITUDINI E DIFFERENZE

ELEMENTI COMUNI	<ul><li>responsabilizzanti di tutti i soggetti coinvolti,</li><li>espressioni di un ampio spazio di autonomia delle parti e libertà contrattuale,</li><li>basso profilo procedimentale,</li><li>basso profilo formalistico,</li><li>mediamente realizzabili in tempi rapidi e predeterminati.</li></ul>
ELEMENTI DIFFERENZIANTI	<ul><li>grado di delega a terzi delle decisioni relative alla controversia,</li><li>scarso coinvolgimento delle parti, nei metodi aggiudicativi,</li><li>diversità di priorità,</li><li>diverso grado di collegamento con le restanti componenti dell'ordinamento.</li></ul>

I motivi che hanno spinto e spingono i decisori pubblici, i legislatori ed i giuristi a considerare il ricorso sistematico anche a metodi alternativi di risoluzione delle controversie sono quasi sempre di due tipi:

1. la necessità di fornire una pluralità di risposte al fine di consentire ai litiganti di poter esplorare anche soluzioni più adatte alle loro controversie che, in caso di riuscita, possono evitare l'instaurazione di un procedimento giudiziario in senso stretto;

2. la capacità di riduzione del tempo medio di durata di una controversia e quindi la capacità di poter affrontare o smaltire un maggior numero di controversie in un minor tempo medio (effetto deflattivo).

Gli Stati Uniti dagli anni '70, anche a seguito dell'intervento del Professor Pound dal titolo "The Causes of Popular Dissatisfaction with the administration of Justice", che aveva dimostrato l'inadeguatezza del sistema giurisdizionale pubblico ad offrire risposte ad un'ampia gamma di controversie, ricercarono ed individuarono una serie metodi non giurisdizionali di gestione delle controversie con un esplicita volontà deflattiva.

Mauro Cappelletti (1927 - 2004) insigne giurista italiano, professore alla Stanford University Law School e Preside della Facoltà di Giurisprudenza presso l'Istituto Universitario Europeo di Firenze, manifestò nei propri discorsi e scritti una sensibilità alla funzione anche sociale del diritto. In particolare argomentò come l'accesso alla giustizia fosse il nucleo centrale e quindi riflettesse la finalità primaria dello stato sociale di diritto. A tal proposito argomentò come l'effettività del diritto alla difesa integrata dall'adozione di metodi di risoluzione extragiudiziale delle controversie avrebbe reso possibile l'abbattimento di barriere economiche, psicologiche, geografiche, etniche che si frappongono fra cittadini, specie se meno abbienti, ed una maggiore possibilità di tutelare i loro diritti.

Il pieno accesso alla giustizia, secondo Mauro Cappelletti, sarebbe dovuto passare attraverso:

1. l'eliminazione delle eventuali regole processuali suscettibili di dar luogo a discriminazioni;

2. l'inserimento nell'ordinamento di strumenti di tutela degli interessi diffusi (azioni risarcitorie collettive);

3. la semplificazione del processo civile con l'istituzione di organi e procedure giudiziarie per la gestione di controversie di modesta entità (small claims);

4. l'esigenza di modalità di composizione dei conflitti alternative rispetto al giudizio ordinario.

La Commissione Europea nell'anno 2013 ha presentato un nuovo strumento comparativo destinato a promuovere l'efficacia dei sistemi giudiziari dei paesi membri dell'Unione Europea, "il Quadro di valutazione europeo della Giustizia".

La Commissione Europea motivò l'enfasi data al suddetto strumento, e alla sua funzione di monitoraggio costante, dichiarando esplicitamente che "le carenze dei sistemi giudiziari nazionali non sono solo un problema per il singolo stato membro interessato, ma possono anche influire sul funzionamento del mercato unico europeo e sull'attuazione dei relativi strumenti fondati sul riconoscimento reciproco e la cooperazione, mettendo a repentaglio la tutela che i cittadini e le imprese si aspettano dall'esercizio dei loro diritti nell'ambito dell'Unione Europea". Il quadro di valutazione ha riguardato e riguarderà in futuro:

1. la durata dei procedimenti giudiziari;

2. il monitoraggio e la valutazione della celerità e della qualità dei sistema giustizia;

3. i metodi extragiudiziali di risoluzione delle controversie, con particolare attenzione alla mediazione, capaci di ridurre il carico di lavoro dei tribunali;

4. l'indipendenza dei sistemi giudiziari nazionali.

I metodi di risoluzione extragiudiziale delle controversie in generale, e la mediazione, in particolare, sono ormai presenti oltre che negli Stati Uniti, in Cina, in India, in Australia, sono previsti in talune costituzioni di stati dell'America del Sud e in tutti gli stati membri dell'Unione Europea.

2. L'APPUNTAMENTO CON LA STORIA: DAL CAMMINO PARALLELO ALLA RELAZIONE EQUILIBRATA

L'articolo 1 della Direttiva 2008/52/CE nasconde una perla.

La perla è rappresentata dalla testuale affermazione:

*"La presente direttiva ha l'obiettivo di facilitare l'accesso alla risoluzione alternativa delle controversie e di promuovere la composizione amichevole delle medesime incoraggiando il ricorso alla mediazione e garantendo **un'equilibrata relazione tra mediazione e procedimento giudiziario."***

Tale ultima affermazione legittima in un solo passaggio il passato e ragionando del presente prefigura il futuro.

Quell'affermazione contiene due riconoscimenti precisi l'uno esplicito l'altro implicito che insieme costituiscono e rappresentano un vero e proprio crocevia e/o appuntamento con la storia.

Il primo riconoscimento, che è esplicito, è quello dell'esistenza dell'insieme delle altre forme di gestione dei conflitti seppure rappresentate dal richiamo alla sola mediazione, in quanto inserito in una legge che regola solo la mediazione, il secondo riconoscimento, invece implicito, è quello che auspica, con convinzione, una relazione equilibrata tra processo e mediazione.

Perché il concetto di relazione equilibrata è così importante?

È importante perché rilegittima, anche se non era necessario, l'esistenza d'istituti extragiudiziali e non avversariali che non spuntano dal nulla ma che giungono all'appuntamento con la storia avendo attraversato millenni, civiltà, fasi, periodi, culture, costumi con un percorso, apparentemente parallelo, che, l'alternarsi delle vicende storiche ha qualche volta considerato centrale, in talune fasi coesistente, in taluni fasi ancellare, in altre fasi ancora incorporato nelle codificazioni in modo più o meno organico, quasi sempre però senza un serio lavoro di collegamento con le altre parti dell'ordinamento..

Le due giustizie, l'una che ascolta e dialoga, l'altra che processa e giudica, hanno corso parallelamente nella storia, non riconoscendosi vicendevolmente, anche perché fondate su presupposti tanto diversi, ed hanno reso possibile che "l'ordine imposto" (dimensione culturale delle decisioni assunte da terzi per conto dei confliggenti) e "l'ordine negoziato" (dimensione culturale delle decisioni assunte direttamente dai confliggenti, anche aiutati da terzi) percorressero strade tanto diverse, l'una sapendo dell'altra, senza cercare davvero d'integrarsi.

Paradigmi culturali diversi, presupposti diversi, diversi livelli di formalizzazione e di collegamento con le altre componenti dell'ordinamento, diversi retroterra culturali degli operatori dei due ambiti ed ancora, una lunghissima stagione in cui le norme scritte, generali, astratte sono state considerate la stagione della maturità delle regole nel contesto dello stato di diritto.

Le stagioni delle codificazioni hanno rimarcato ed enfatizzato la prevalenza della raccolta e della razionalizzazione delle norme scritte.

L'interesse concreto all'approccio extragiudiziale con finalità deflattive negli Stati Uniti e più tardi il giurista Mauro Cappelletti, che con il suo fondamentale contributo dal titolo "ACCESS TO JUSTICE" indica tra le caratteristiche di un moderno, accessibile e fruibile ordinamento giuridico anche la presenza di strumenti extragiudiziali delle controversie, sono i segni di una progressiva ammissione e presa d'atto dell'importanza anche di tali strumenti.

È stata necessaria la nascita di un ordinamento sovranazionale in senso proprio, l'ordinamento giuridico europeo, e il linguaggio essenziale, asciutto e pragmatico del diritto comunitario per riconoscere come tali strumenti appartenessero al patrimonio storico culturale dell'Europa ma soprattutto fossero considerati adatti ad essere capaci di facilitare l'interscambio, le relazioni, l'osmosi transfrontaliera tra cittadini europei e organismi ADR europei.

Un riconoscimento legislativo, in senso stretto, che rappresenta anche un preciso impegno rivolto a tutti gli Stati membri, e attraverso essi a tutti i cittadini, loro organizzazioni, operatori del diritto, avvocati, mediatori, giudici.

L'ordine negoziato e l'ordine imposto suggellano quindi una pace duratura in quanto fondata sul riconoscimento *ope legis* delle loro specifiche attitudini e del valore aggiunto derivante dalla loro coesistenza.

3. IL PARADIGMA CULTURALE. PRINCIPI E SISTEMA COERENTE DI CONVINZIONI

Il paradigma culturale della mediazione è definibile come un insieme organico ed interconnesso di principi ed un sistema coerente di convinzioni.

Cerchiamo di declinare i principi e le convinzioni non dimenticando l'importanza delle organicità e delle coerenze che rappresentano il "tessuto connettivo" del paradigma stesso.

I PRINCIPI

Possiamo intanto affermare che tre sono le tipologie dei principi che concorrono alla formazione del paradigma culturale:

1. le centralità;
2. il metodo;
3. gli strumenti.

Il primo dei principi riguarda le centralità degli interessi e delle relazioni.

Il principio in questione enfatizza due dimensioni di cui i procedimenti si prendono carico.

a)   Gli interessi dei confliggenti, intesi come ciò che gli stessi vogliono davvero ottenere con il negoziato.

Gli interessi che i confliggenti perseguono sono molto spesso occultati dalle posizioni annunciate ed enunciate che sono invece ciò che gli stessi dichiarano di volere.

Le posizioni difficilmente rappresentano tutto ciò che si vuole davvero e non tengono conto delle complessità perseguibili e perseguite, delle volontà e delle possibili negoziali.

Solo con l'aiuto concreto, razionale e professionalmente organizzato di un terzo neutrale che cerca di aiutare i confliggenti alla risoluzione amichevole di una controversia facilitando la ricerca e l'individuazione condivisa di punti d'equilibrio, anche con lo sviluppo di attività negoziali, emerge l'unico interesse reale o una serie d'interessi reali, alternativi, concorrenti o sostituibili od ordinabili secondo un ordine di priorità enunciato dal singolo confliggente.

b) Le relazioni intese come l'incorporazione, negli obiettivi del negoziato, per quanto è possibile, della cura della qualità relazionale.

La qualità relazionale con l'altra o con gli altri confliggenti diviene quindi, al tempo stesso, un ulteriore variabile che intenderebbe contemperare o salvaguardare o quanto meno non pregiudicare, anche manifestando la tangibile disponibilità ad accogliere, in tutto o in parte, le istanze, le richieste e/o le necessità degli altri confliggenti.

Quanto al metodo, il procedimento di mediazione include tutte le possibilità negoziali i cui risultati siano fiscalmente perseguibili e giuridicamente conformi alle norme vigenti, anche sperimentali, innovative, flessibili, gradite e condivise dai confliggenti e, più in generale, improntate alla massima versatilità e/o pragmaticità.

Quanto agli strumenti il procedimento di mediazione, al bisogno, si può avvalere della panoplia delle opportunità conosciute come modalità di pacificazione utilizzate anche da facilitatori e negoziatori quali:

- il dialogo;
- il perdono;
- la riconciliazione.

Con il dialogo si fa riferimento all'interscambio scritto, ma molto meglio se verbale, con cui si intende riconoscere l'altro, investire davvero sulla relazione, non escludere a priori di essere convinti dal medesimo.

Con il perdono si fa riferimento al grande strumento, appartenente alla tradizione laica del dialogo e della misericordia, con cui si intende volontariamente e unilateralmente liberare, dal peso della colpa, chi con l'azione ha prodotto risultati o effetti che hanno inferto dolore e/o sofferenze ad altro.

Con la riconciliazione si fa riferimento al grande strumento appartenente alla tradizione laica del dialogo e della misericordia, con cui, in seguito ad un cammino condiviso avviato con il riconoscimento della propria responsabilità e passato attraverso il sincero pentimento, colui il quale ha inferto dolore e sofferenze ad un altro, agisce fattivamente con fatti e parole al fine di ottenere il riavvicinamento, il perdono e la remissione della colpa, da parte della vittima.

IL SISTEMA COERENTE DI CONVINZIONI DEI SOGGETTI COINVOLTI

Quel suddetto sistema coerente di convinzioni assurge a paradigma culturale proprio perché forma un insieme di comportamenti convergenti e riguardanti ogni aspetto ed ogni soggetto coinvolto dal procedimento di mediazione, quel procedimento volontario con cui due o più parti in conflitto lo affrontano e lo gestiscono con l'aiuto di un terzo neutrale, formato ed imparziale che le aiuta a cercare uno o più punti d'equilibrio condivisi, per risolvere in via amichevole la controversia.

Il sistema infatti riguarda due aspetti:

- il contesto;
- le precondizioni del procedimento;

e due tipi di soggetti coinvolti:

- il mediatore;
- i confliggenti;

e due dimensioni: dell'istituto, in senso ampio, e del procedimento, in senso stretto.

IL CONTESTO

L'autonomia dei confliggenti è una vera e importante specificità del procedimento mediativo in quanto per esplicita previsione delle prassi internazionali e delle norme europee e nazionali i confliggenti sono gli unici ed esclusivi artefici delle regole di gestione del loro conflitto e dei contenuti dei loro accordi seppure nel pieno rispetto delle eventuali norme vigenti in materia.

Se l'autonomia dei confliggenti è la specificità procedimentale, l'autonomia contrattuale è la specificità a cui fare riferimento per la preparazione del contenuto degli accordi.

LE PRECONDIZIONI

Due paiono essere le precondizioni essenziali che caratterizzano il procedimento di mediazione. Entrambe riguardano le fasi che precedono l'aiuto, il sostegno e la facilitazione del negoziato e rispettivamente il rapporto tra confliggenti e mediatore e il rapporto dei confliggenti con il procedimento.

La prima regola, giustamente enfatizzata dal "Codice Europeo di Condotta per i mediatori", unico documento integralmente concepito e scritto da mediatori di diversi Paesi europei ex extra-europei, reperibile in tutte le lingue degli stati membri dell'Unione Europea, prevede giustamente che un procedimento voluto, coinvolgente e gestito dai confliggenti ponga le loro esigenze di tempo e di ora, in testa alle preoccupazioni di chi intende aiutarle, infatti il tempo, se gestito, è un alleato, se non gestito è un nemico.

La seconda regola, riassumibile nel principio "non si belligera mentre si negozia" ha origini lontane che la riconducono all'armistizio di Salasco (9 agosto 1948), sottoscritto da piemontesi ed austriaci. In tale tavolo negoziale, alla presenza di soli militari, prese forma la clausola.

Tale clausola, negletta e sottovalutata, esprime invece molto meglio di altre, l'autentica e genuina volontà dei confliggenti di esperire tentativi negoziali, scevri da riserve mentali ed infingimenti, capaci quindi di avere al tavolo della mediazione vere, anche se temporanee, volontà di tentare di uscirne insieme e/o costruire insieme una o più risposte condivise.

Per quanto riguarda poi i soggetti coinvolti nel procedimento di mediazione possiamo soffermarci sui confliggenti e sul mediatore.

DEI CONFLIGGENTI

Un procedimento dei confliggenti per i confliggenti non può che essere coinvolgente ed impegnativo per gli stessi.

Il paradigma culturale infatti declina parole impegnative: volontà, responsabilità, comportamenti costruttivi e concludenti.

Volontà: i confliggenti devono voler appropriarsi o riappropriarsi del loro conflitto comprendendo pienamente che questo le rende protagoniste del modo di stare nello stesso e, al tempo stesso, artefici dello svolgimento e delle sorti del negoziato, anche se mai abbandonate e mai sole. Essi possono farsi assistere, farsi accompagnare, farsi consigliare da chi ritengono più vicino o più prezioso, quanto e quando lo credono utile o necessario;

Responsabilità*:* i confliggenti sono gli unici artefici, anche se mai abbandonati a se stessi, dell'andamento del negoziato in mediazione. I confliggenti e solo essi possono ottenere davvero molto nella facilitazione delle loro attività negoziali da parte del mediatore; possono altresì collaborare quantitativamente e qualitativamente alla ricerca di punti d'equilibrio, accettabili e condivisibili prima, condivisi poi. I confliggenti e solo essi possono decidere, in ogni momento, di interrompere, di continuare, di concludere patti o accordi intermedi o definitivi, pretendendo di essere perfettamente consapevoli dei loro diritti, ma anche della loro parziale e totale disponibilità, e dei loro doveri, più o meno evitabili o procrastinabili;

Comportamenti costruttivi e concludenti*:* i confliggenti, in quanto convinti e volonterosi, debbono avere comportamenti di disponibilità, di pazienza, di flessibilità, di predisposizione alla comune costruzione, sufficientemente ben disposti nei confronti di chi si adopera per aiutarli, ma soprattutto, che inducono l'altro confliggente a formarsi il convincimento delle loro reciproche credibilità negoziali.

DEL MEDIATORE

Il terzo neutrale, si chiami mediatore o con altri termini, è certamente una delle vere differenze e dei valori aggiunti del procedimento. Il terzo neutrale ha obblighi etici e professionali e deve essere indipendente ed imparziale, due caratteristiche impegnative.

Il terzo neutrale deve essere ed apparire terzo, deve muoversi prescindendo da chi o meno abbia avviato il procedimento, deve essere conscio che nessun confliggente è mai uguale ma che entrambi hanno bisogno del suo impegno prescindendo dal contesto, dalle affinità, dai poteri contrattuali, dalle diverse sensibilità. Autorevolezza e terzietà si devono incontrare, autorevolezza ed imparzialità si devono rafforzare vicendevolmente. La terzietà è anche nel luogo, nel modo, nella cura degli interessi e nelle relazioni con i confliggenti.

Il terzo neutrale deve essere imparziale, non sensibile al più disponibile o al più arrendevole, al più empatico ma capace di essere, per condizione e mentalità, equidistante ma, al tempo stesso, efficace per le singole ragioni di ciascun confliggente del tentativo di gestione del conflitto. L'imparzialità del mediatore deve preesistere e perdurare per tutta la durata del suo lavoro d'aiuto.

Atteggiamenti, comportamenti, azioni devono essere informate ed esprimere collaborazione comune e singola al tempo stesso.

Il paradigma culturale riguarda poi le due fondamentali dimensioni: dell'istituto della mediazione, in senso ampio, e del procedimento di mediazione, in particolare.

L'ISTITUTO DELLA MEDIAZIONE

Nessuno strumento stragiudiziale, non avversariale, è in grado di prendersi cura delle relazioni o quanto meno di non comprometterle come la mediazione.

La relazione è infatti, al tempo stesso, contesto d'intervento ed obiettivo del possibile risultato complessivo, anche in assenza di accordo finale. La cura della sua qualità o comunque la sua capacità di consentire, nel presente e nel futuro, interscambi e dialogo è un valore da salvaguardare ed una variabile da considerare.

La relazione, sia essa parentale, amicale od affettiva, sia essa legata ad interessi più o meno consolidati, è un valore da curare ed una strada da lasciar costantemente percorribile per l'interazione e l'interscambio.

Creatività nelle soluzioni: la centralità dei confliggenti per i confliggenti porta in dote una potenziale possibilità di voler e poter indagare, ricercare, sperimentare, individuare e condividere soluzioni condivise anche creative, sia nel metodo di ricerca che nel contenuto delle comuni volontà dei confliggenti, anche oltre la materia del contendere, anche molto oltre il prevedibile contenuto o le proposte iniziali formalizzate o formalizzabili.

Espansività nelle materie attratte dal negoziato e dall'accordo: la centralità dei confliggenti porta anche in dote la possibilità di coinvolgere nel contenuto negoziale anche molto altro, rispetto alla materia del contendere, potendo coinvolgere prima, con un progressivo allargamento dell'ambito negoziale, e riguardare poi, nella formazione dell'accordo: temi, materie, rapporti e diritti anche non originariamente ricompresi nella materia del contendere ma divenuti essenziali per la ricerca di punti d'equilibrio condivisi.

Non ci rimane quindi che affrontare l'ultima questione relativa alle specificità del procedimento di mediazione.

Le specificità del paradigma culturale del procedimento di mediazione, in senso stretto, possono essere divise in due parti:

- in relazione ai confliggenti;
- in relazione alle caratteristiche del procedimento.

In relazione ai confliggenti nessun procedimento extragiudiziale, come la mediazione, è degli stessi, con gli stessi, per i confliggenti, anche non soli, ma protagonisti del loro conflitto ed artefici dell'eventuale risultato. Da questo discende anche la conseguenza dello spazio e del peso svolto dall'atteggiamento empatico tra i confliggenti e tra ciascuno di essi ed il mediatore.

L'empatia come fluido che dovrebbe, potrebbe e molto spesso viene stimolato fra le persone, aldilà del ruolo, e aldilà delle personali vicende in un rapporto che enfatizza un circuito virtuoso collaborazione – disponibilità, disponibilità – collaborazione, capace di essere appagante e fecondo.

In relazione alle caratteristiche del procedimento possiamo distinguere fra specificità della sequenza procedimentale e impegni comuni dei soggetti coinvolti.

La specificità della sequenza procedimentale porta in dote l'informalità che, unita all'autonomia delle parti, consegna ai soggetti coinvolti una libertà di forme, di passaggi, di fasi che restituisce il procedimento alla grande tradizione esperienziale delle prassi generalmente accettate di natura internazionale, sovranazionale e nazionale.

Per quanto riguarda invece gli impegni comuni di tutti i soggetti coinvolti rimangono le consapevolezze e le riservatezze.

Per meglio riepilogare quest'ultime dimensioni possiamo provare a costruire la seguente tabella.

	CONSAPEVOLEZZE	RISERVATEZZE
Dei confliggenti	Di voler autogestire il procedimento.	Di essere capaci di mantenerle.
Del mediatore	Di accettare solo gli incarichi che è in grado di gestire.	Interna (nei confronti dei singoli confliggenti) ed esterna (nei confronti dei terzi)
Del centro di mediazione	Di far gestire la mediazione nel rispetto delle prassi e delle norme vigenti.	Esterna

CAPITOLO SECONDO
LE NECESSITÀ DIVULGATIVE

1. IL CONTESTO

Nel nostro paese non è diffusa la conoscenza della mediazione ma, ancor peggio, non è diffusa la cultura che renda possibile, in presenza di controversie relative a diritti disponibili, valutazioni:

- fra opzioni giudiziali ed attività extragiudiziali di risoluzione delle controversie;

- d'accesso a procedimenti extragiudiziali preliminari a procedimenti giudiziari.

A conferma di quanto affermato possiamo registrare, attraverso la comparazione di risultati emersi in due ricerche costruite dall'Istituto nazionale di statistica con criteri e finalità diverse realizzate in tempi diversi, il lento, ineguale ed eterogeneo progresso della diffusione della conoscenza della mediazione nel paese.

La prima ricerca è l'indagine multiscopo realizzata dall'Istituto nazionale di statistica nel periodo intercorrente tra dicembre 2001 e marzo 2002 nel contesto del "Rapporto dei cittadini con la giustizia civile", la seconda è il rapporto seguente ad un ricerca effettuata nel dicembre 2013 dal titolo "Aspetti della vita quotidiana: l'esperienza dei cittadini con la giustizia civile".

Dalla prima ricerca emergeva che nel marzo 2002 la conoscenza delle commissioni di conciliazione riguardava una media nazionale complessiva di circa il 5,4% degli intervistati (con un massimo del 5,7% nella zona del Nord Ovest ed un minimo del 5,0% nella zona del Sud). Dalla seconda ricerca emergeva che nel dicembre 2013 la conoscenza della mediazione riguardava una media nazionale complessiva del 43,7% degli intervistati. Possiamo quindi ragionevolmente affermare che, in poco più di un decennio, la conoscenza della mediazione si è complessivamente accresciuta del 38% circa, con la maggior conoscenza rilevata nella zona nord ovest del paese.

Non solo la percentuale complessiva del 43,7% degli intervistati è bassa ed inegualmente distribuita, ma ancora peggiori sono i dati relativi al suo utilizzo che ha riguardato solo il 3,2% ed è stato effettuato prevalentemente nel Nord est, vi ha fatto ricorso prevalentemente chi è laureato, dirigente, quadro o impiegato ed ha un'età intercorrente tra i 55 ed i 64 anni.

È quindi evidente l'utilità e l'indifferibilità di una intensa attività divulgativa, su larga scala, finalizzata ad accrescere quantitativamente la conoscenza dell'insieme degli strumenti di risoluzione alternativa delle controversie in generale, e della mediazione, in particolare.

Nella piena convinzione della centralità delle attività divulgative e formative sul tema della gestione non avversariale dei conflitti non rimane che tentare di capire perché nel nostro paese questa cultura sia così lenta a diffondersi.

Possiamo provare ad immaginare che vi possano essere tre ordini di ragioni: strutturali, culturali e di costume.

LE RAGIONI STRUTTURALI

Rappresentano i dati oggettivi del sistema paese che potrebbero comprendere:

- arretratezza culturale (minor numero di lauree, di diplomi, di brevetti, di lettori, maggior numero di analfabeti, minor numero di adulti che frequentano corsi di aggiornamento ecc.);

- un numero di avvocati, ogni 100.000 abitanti, tra i più alti d'Europa (il problema fu già evidenziato nel 1921 da Piero Calamandrei con il suo libro "Troppi avvocati!");

- un numero di controversie giudiziarie, ogni 100.000 abitanti, superiore del 160% alla media europea;

- un numero di giudici, ogni 100.000 abitanti, tra i più bassi d'Europa;

- mancanza di una specifica ed autonoma materia obbligatoria almeno per la formazione universitaria di giuristi, altri operatori del diritto, aziendalisti ed economisti;

- assenza di qualsiasi previsione, anche solo temporanea, di rallentamento degli accessi di nuovi studenti alle facoltà di giurisprudenza;

- assenza di esplicite ed efficaci norme tese a disincentivare la lite meramente dilatoria o temeraria;

- assenza del tema della mediazione dai mezzi d'informazione, con ampia capacità divulgativa;

LE RAGIONI CULTURALI

Rappresentano le convinzioni radicate nella cultura dominante e potrebbero comprendere:

- l'assenza di una cultura dei diritti indisgiungibili da quella dei doveri;

- l'approccio ideologico nella lettura dei fenomeni da affrontare, gestire o regolare con norme;

- una predominante cultura classica ed umanistica che enfatizzando valori e princìpi concorre ad alimentare una concezione della gestione del conflitto come luogo dei princìpi (il giusto) e non delle soluzioni (il meglio) che giustifica la scelta del processo come unica risposta alla domanda di giustizia;

- un diffuso deficit di senso delle Istituzioni e di senso civico.

- la tendenza a difendere il proprio potere (discrezionale e non solo) da parte di chi detiene il potere giudiziario e quindi la diffidenza e la resistenza nei confronti dei metodi A.D.R.;

- il timore, da parte degli operatori del conflitto, di perdere vantaggi economici.

LE RAGIONI DI COSTUME

Rappresentano i convincimenti radicatisi nel costume sociale del paese che potrebbero comprendere:

- una scarsa considerazione del valore e dell'importanza dell'effettiva terzietà di figure, istituti, funzioni e ruoli chiamati a svolgere incarichi di garanzia o oggettivamente sopra le parti;

- l'innaturale valore riconosciuto alla coerenza in quanto tale, che non facilita l'affermarsi di approcci al dialogo orientati alla eventuale reciproca possibilità che le opinioni e le argomentazioni razionali altrui possano convincere o indurre a riflettere su un cambio di opinione;

- l'elevata considerazione, riconosciuta nei fatti, ai particolarismi ed ai sensi di appartenenza (micro e macro);

- una concezione del diritto di difesa inteso come difesa da tutti gli altri.

2. LE CONVINZIONI

Siamo profondamente convinti che la diffusione della cultura della gestione pacifica dei conflitti in generale, e della mediazione in particolare, in un paese che ancora oggi ha una elevatissima propensione alla litigiosità sia una scelta europea, necessaria e utile.

È una scelta europea come dimostrano:

- le esplicite previsioni del legislatore comunitario con i seguenti strumenti:

  - Direttiva 2008/52/CE del 21 maggio 2008 relativa a determinati aspetti della mediazione in materia civile e commerciale;

  - Risoluzione del Parlamento Europeo del 13 settembre 2011 sull'attuazione della Direttiva sulla mediazione negli Stati membri, impatto della stessa sulla mediazione e sua adozione da parte dei Tribunali;

  - Osservazioni scritte della Commissione Europea presentate il 2 aprile 2012 ai sensi dell'art. 23 2° c. dello Statuto della Corte di Giustizia dell'U.E.;

  - Regolamento (UE) n. 524/2013 del Parlamento Europeo e del Consiglio del 21 maggio 2013 relativo alla risoluzione delle controversie online dei consumatori;

- Direttiva 2013/11/UE del Parlamento e del Consiglio del 21 maggio 2013 sulla risoluzione alternativa delle controversie dei consumatori.

- le preziose e dettagliate indicazioni del Consiglio d'Europa fornite con le raccomandazioni:

  - numero 98 del 21 gennaio 1998 sulla mediazione familiare;

  - numero 99 del 15 settembre 1999 sulla mediazione in materia penale;

  - numero 9 del 5 settembre 2001 sulle modalità alternative al litigio tra Autorità Amministrative e parti private;

  - numero 10 del 18 settembre 2002 sulla mediazione in materia civile.

- il sistematico inserimento dello spazio per i metodi di risoluzione alternativa delle controversie tra gli indicatori per determinare il quadro di valutazione dei "sistemi giustizia" del singolo Paese membro dell'Unione Europea come risulta dalla Comunicazione della Commissione al Parlamento Europeo, alla Banca Centrale europea, al Comitato economico e sociale europeo e al Comitato delle regioni sul quadro di valutazione delle Istituzioni Europee sulla giustizia.

È una scelta *necessaria* per almeno quattro ordini di motivi:

1. rende possibile a chi intenda controvertere con altro od altri soggetti, di essere consapevole della possibilità di avvalersi anche di strumenti diversi dal processo, talvolta anche più adatti al caso specifico;

2. rende possibile in un Paese ad elevatissima giuridifica-

zione di esplorare la ricerca di soluzioni più rapidamente percorribili e/o più pragmaticamente perseguibili;

3. concorre ad accelerare il cammino verso una normalizzazione del sistema giustizia del Paese, con una più equilibrata relazione tra processo e mediazione;

4. rende più facilmente realizzabile, anche in Italia, lo scenario futuro prefigurato dal Legislatore comunitario e costruito su una capillare rete di organismi ADR, anche rappresentati da singoli professionisti.

È una scelta *utile* per almeno cinque motivi:

1. perché consente di diffondere e valorizzare la partecipazione ed il coinvolgimento diretto delle parti nelle loro controversie;

2. perché consente di diffondere approcci che tengano conto anche della dimensione relazionale delle parti in conflitto;

3. perché consente la diffusione di soluzioni che vadano oltre la materia del contendere;

4. perché consente la diffusione di soluzioni anche creative, purché condivise dai confliggenti;

5. perché rende possibili notevoli risparmi.

3. LA LEGITTIMAZIONE

L'articolo 21 dell'articolo del D. Lgs. 4 marzo 2010 n. 28 prevede esplicitamente che il Ministero della Giustizia curi, attraverso il Dipartimento per l'informazione e l'editoria della Presidenza del Consiglio dei Ministri e con i fondi previsti dalla legge 7 giugno 2000 n. 150, la divulgazione al pubblico attraverso apposite campagne pubblicitarie, in particolare, via internet, di informazioni sul procedimento di mediazione e sugli organismi abilitati a svolgerlo.

L'articolo 3 lettera o) della Legge 12 luglio 2011 n. 112 prevede esplicitamente che l'Autorità garante per l'Infanzia e l'adolescenza favorisca lo sviluppo della cultura della mediazione e ogni istituto atto a prevenire o risolvere con accordi conflitti che coinvolgano persone di minore età, stimolando la formazione degli operatori del settore.

L'associazione senza di scopo di lucro SISTEMA CONCILIAZIONE costituita da ADR notariato, Conciliatore bancario, Consiglio Nazionale dei dottori commercialisti e degli Esperti contabili, Consiglio Nazionale Forense e Unioncamere ha come scopo istituzionale di promuovere la cultura della conciliazione tramite la diffusione della conoscenza degli strumenti di risoluzione alternativa delle controversie, la promozione di iniziative volte a favorire l'utilizzo di tali strumenti e di comportamenti idonei a prevenire l'insorgere di controversie nei principali ambiti di intervento: contratti commerciali, contratti bancari, responsabilità per danni, questioni societarie, questioni condominiali.

Tutti gli altri soggetti pubblici e privati che operano concretamente continuativamente e sistematicamente a favore della diffusione della cultura della mediazione o per la formazione alla gestione non avversariale dei conflitti, in ambito locale o in ambiti diversi, sono naturalmente legittimati a farlo senza necessità che qualcuno li autorizzi o li legittimi.

A tal proposito crediamo però che, per evitare una pluriennale, sterile ed inutile discussione su chi debba, possa o voglia pensare ed animare un'essenziale e capillare campagna divulgativa per la diffusione della cultura della mediazione, possa essere un primo passo importante mettere a punto un progetto organico teso a tale fine e da realizzare dal maggior numero possibile di uomini, donne, organizzazioni, mezzi e strumenti.

Tale progetto dal titolo

INVECE DI GIUDICARE
PROGETTO PER LA COSTRUZIONE
DI UNA RETE DI PERSONE, MEZZI E STRUMENTI
PER LA DIFFUSIONE SU LARGA SCALA
DELLA CULTURA DELLA MEDIAZIONE
FINALIZZATA ALLA CONCILIAZIONE

ha il patrocinio della Commissione Europea ed ha ricevuto l'apprezzamento e la viva considerazione del Ministero dell'Istruzione, dell'Università e della Ricerca scientifica come da lettera del 27 febbraio 2012.

4. DAGLI INTERVENTI ALL'IDEA DEL PROGETTO

La volontà di dare un contributo alla costruzione della cultura della mediazione conduce prioritariamente a riflettere sulle diverse modalità con cui potrebbe essere affrontato sia dal punto di vista metodologico che dal punto di vista contenutistico.

Dal punto di vista metodologico occorre anche tener presente che in scuole italiane di ogni ordine e grado sono già realizzati interventi formativi sui temi della pace, dei conflitti e della loro gestione pacifica in generale, e sulla mediazione in particolare, e gli stessi sono un valore culturale aggiunto ed una grande risorsa informativa – formativa che deve continuare a sviluppare i suoi benefici effetti.

Il lavoro da realizzare sulla cultura della mediazione pare però debba essere così diffuso da richiedere un tentativo di accrescimento dell'efficacia degli interventi cercando di andare oltre il lavoro già presente nei singoli istituti e dare loro organicità, sistematicità e capillarità.

Ecco allora la scelta che, nella prima fase, prevede solo interventi divulgativi (gratuiti per la scuola), tesi cioè a *"rendere noti a molti con ordinari mezzi d'informazione"* il più possibile standardizzabili, quindi più facilmente e rapidamente ripetibili nel maggior numero possibile di classi o gruppi di classi.

Ecco allora l'idea di un progetto come "strumento unitario di servizio e di supporto" finalizzato al tentativo di ulteriore diffusione di attività divulgative, di coinvolgimento, di svolgimento della mediazione fra pari (scelta e realizzata tra e con ragazze e ragazzi di pari età formati per lo svolgimento delle funzioni di mediatori in tali contesti).

Ecco allora le attività della struttura centrale di pianificazione, organizzazione e gestione d'interventi, le banche dati, la sistematizzazione delle attività di presentazione del progetto finalizzate alla conoscenza del progetto e al reperimento di divulgatori (persone fisiche o organizzazioni), la messa a punto e lo svolgimento di azioni progettuali. Ecco allora che, con le attività progettuali, lo sforzo divulgativo dall'estemporaneità dei singoli interventi divulgativi acquista articolazione e complessità potendo divenire un tragitto di respiro pluriennale capace di disseminare segni tangibili e attività durevoli.

Inizia con la diffusione orizzontale della cultura della mediazione mediante singoli interventi divulgativi destinati ad una o più classi e può procedere, in profondità ed in crescita, tendendo a valorizzare, il singolo istituto scolastico nel suo complesso e i cittadini e cittadine familiari degli studenti, dirigenti scolastici, insegnanti, personale non docente, persone formate alla mediazione, divulgatori, studentesse e studenti che accettano di essere formati alla mediazione tra pari.

5. DAL PROGETTO ALL'APPROCCIO PER LA DIFFUSIONE SU LARGA SCALA

Il progetto è certamente l'albero motore delle varie azioni progettuali finalizzate alla diffusione della cultura della mediazione. Dal titolo e dal sottotitolo si evincono infatti con chiarezza l'obiettivo, gli strumenti e la dimensione territoriale che il progetto intenderebbe assumere.

Il progetto infatti ha come titolo

INVECE DI GIUDICARE

dichiarando subito che riguarda la dimensione della gestione dei conflitti che rifugge dalle decisioni di terzi a favore di quelle "dell'altra giustizia" quella "di coesistenza", che passa attraverso l'ascolto, il dialogo, la cura delle relazioni, la riappropriazione del conflitto da parte dei confliggenti, l'autogestione della sua gestione con l'aiuto di un terzo neutrale.

Il progetto ha come sottotitolo

PROGETTO PER LA COSTRUZIONE DI UNA RETE
DI PERSONE, MEZZI E STRUMENTI
PER LA DIFFUSIONE SU LARGA SCALA
DELLA CULTURA DELLA MEDIAZIONE
FINALIZZATA ALLA CONCILIAZIONE

Anche il sottotitolo è molto chiaro:

- l'obiettivo è la diffusione della cultura della mediazione finalizzata alla conciliazione, intendendo in sintesi gli elementi comuni e condivisi attraverso i quali si estrinseca la cultura della mediazione, genericamente intesa, ignorando, solo per necessità di efficacia divulgativa, le esistenti specificità e peculiarità delle tante e diverse tipologie di mediazioni esistenti (sociale, familiare, scolastica, ambientale, penale, penale minorile, civile e commerciale, del lavoro, ecc);

- gli strumenti essenziali per il perseguimento dell'obiettivo sono una aggregazione di:

  - divulgatori: uomini, donne, organizzazioni specializzate, gruppi informali di cittadini, o professionisti, mediatori e formatori (nel numero ottimale di circa cinquemilacento) che agiscono, non gratuitamente, per rendere possibile la presenza minimale di un divulgatore ogni due scuole medie superiori presenti sul territorio nazionale che svolgono attività divulgativa mirata a costruire il coinvolgimento del maggior numero possibile di dirigenti scolastici, insegnanti, istituti scolastici, classi, personale non docente. I divulgatori, normalmente avvicinati e coinvolti nel progetto attraverso incontri illustrativi del progetto, saranno individuati anche attraverso proposte di collaborazione per ambiti regionali e provinciali che indicano le necessità quantitative delle singole città.

  - insegnanti: che possono presentare, preparare, sostenere e rendere possibile la realizzazione concreta del progetto o di parti dello stesso all'interno dei singoli istituti scolastici;

  - studentesse e studenti: che possono essere al tempo

stesso, beneficiari ma anche protagonisti e artefici di un possibile diverso contesto scolastico anche manifestando la loro disponibilità a partecipare alla formazione per svolgere successivamente la funzione di mediatori in conflitti tra compagni dell'istituto.

- altri strumenti quali i libri, contributi cartacei, informatici, telematici, audiovisivi e tesi sul tema della mediazione;

- la diffusione territoriale è definita dalla precisazione "su larga scala", intendendo l'ottimale dimensione nazionale, essendo il sistema giustizia un sistema nazionale e nazionalmente misurato dalle rilevazioni e dagli interventi dell'Unione Europea.

6. AZIONI PROGETTUALI

Le azioni progettuali possono essere divise in due tipologie:

A) azioni rivolte a contesti extrascolastici;

B) azioni rivolte a contesti scolastici.

Le azioni rivolte **a contesti extrascolastici** sono attualmente due:

1. *presentazioni di libri sulla mediazione* destinati a circoli, club, associazioni, gruppi, organizzate localmente da divulgatori, mediatori, formatori, insegnanti o organizzazioni e rivolte a cittadini, cittadine, intellettuali, operatoti della formazione ecc.;

2. *attività di sostegno alle tesi sulla mediazione*, intesa con attività di sostegno all'impostazione, alla ricerca dei materiali, agli indirizzamenti informativi, di ricerca e raccolta dati per la stesura di una tesi. Tale servizio, attualmente assicurato solo dall'organizzazione centrale del progetto, presuppone da parte del soggetto aderente e sottoscrivente

il contratto l'adesione preliminare ad un contratto standard predisposto dall'organizzazione, il pagamento dell'importo di Euro 50,00 più I.V.A di legge nonché l'impegno all'integrale sostenimento dei costi telefonici.

Le azioni rivolte **a contesti scolastici** sono attualmente tre:

a) *interventi divulgativi*, gratuiti per la scuola, in una o più classi di scuole medie superiori: attività divulgativa della durata unitaria di circa due ore svolta nel maggior numero possibile di classi di istituti di scuole medie superiori di ogni regione del Paese;

b) *istituto scolastico non conflittuale* (costo annuo per la scuola Euro 500,00) patto volontario bilaterale della durata dell'intero anno scolastico tra un singolo istituto scolastico e l'organizzazione che attua il progetto per stimolare e facilitare la sperimentazione di un contesto durevolmente disposto ad approcci non conflittuali interni ed allo svolgimento della mediazione dei conflitti tra pari, e dopo la verifica dell'effettività degli impegni assunti dal singolo istituto, il rilascio del riconoscimento di "Istituto scolastico non conflittuale" con informazione dell'avvenuto rilascio del suddetto riconoscimento al Ministero della Giustizia, al Ministero dell'Istruzione e della ricerca scientifica e agli ex provveditorati scolastici, territorialmente competenti;

c) *corsi di formazione per mediatori tra pari* e presentazione del possibile impiego dei mediatori tra pari nei singoli istituti degli studenti che hanno completato lo specifico tragitto formativo ed hanno confermato la loro disponibilità a svolgere la funzione di mediatori tra pari, eventualmente anche dopo aver terminato di frequentare l'istituto.

Vediamo nel dettaglio le azioni progettuali destinate all'ambito scolastico.

Gli interventi divulgativi, gratuiti per la scuola, da effettuare in una o più classi di scuole medie superiori sono orientativamente organizzati come segue:

1. la sede centrale invia la presentazione delle proposte progettuali al singolo istituto;

2. l'istituto può chiedere contatto o informazioni;

3. il singolo divulgatore contatta l'istituto e attraverso contatti con il dirigente scolastico, il coordinatore e l'insegnante o gli insegnanti disponibili ad ospitare nelle loro ore di lezione l'intervento o gli interventi divulgativi;

4. la sede centrale riceve ed organizza le risposte alle richieste giunte direttamente da istituti scolastici o da altri soggetti.

L'azione progettuale chiamata "Istituto scolastico non conflittuale" risulta fondarsi su un patto bilaterale, tra singolo istituto scolastico e l'organizzazione che attua il progetto, in cui le parti coinvolte possono interagire come segue:

L'istituto scolastico offre:

- impegno a pagare Euro 500,00 (I.V.A. compresa) per l'intero anno scolastico;

- impegno a rendere possibili sei condizioni;

- accettare la verifica di effettività;

L'organizzazione offre:

- informazione / formazione di insegnanti e del personale non docente;

- interventi divulgativi in un certo numero di classi o gruppi di classi;

- la presenza nell'istituto di un luogo (individuabile anche se non esclusivamente dedicato) o da utilizzare in caso di mediazione fra pari;

- l'individuazione di un referente, anche esterno all'Istituto, disponibile a facilitare l'organizzazione dell'eventuale gestione dei conflitti tra pari;

- l'organizzazione, almeno ogni biennio, di un intervento divulgativo riguardante le tecniche di risoluzione delle controversie e più in generale sui temi della pace;

- di rendere note le fonti di finanziamento dell'azione progettuale;

- di verificare l'effettiva realizzazione degli impegni assunti dall'Istituto;

- d'informare il Provveditorato competente e i Ministeri dell'Istruzione e della ricerca scientifica e della Giustizia degli istituti scolastici che hanno realizzato l'azione progettuale, rilasciando loro un attestato di partecipazione.

Il terzo intervento riguarda la formazione di un certo numero di studentesse e studenti degli istituti scolastici che hanno partecipato alle attività progettuali preparatorie e che abbiano manifestato, volontariamente, la loro disponibilità ad essere formati, per poter eventualmente svolgere la funzione di mediatore in eventuali conflitti tra studenti, nel loro istituto.

In nessun caso le attività progettuali riguardano conflitti tra insegnanti o tra insegnanti e dirigenti scolastici, salvo vi sia una esplicita richiesta in tal senso di tutti i confliggenti coinvolti.

CAPITOLO TERZO
LE ATTIVITÀ DIVULGATIVE

1. TRACCIA DI MASSIMA PER UN POSSIBILE INTERVENTO DIVULGATIVO

Senza pretendere che i divulgatori debbano necessariamente attenersi ad esso, ma al solo fine di proporre un approccio di massima da svolgere nella classe o nelle classi intervenute nell'evento divulgativo, si offre la seguente proposta di approccio:

- un *foglio guida* da distribuire ai singoli partecipanti che prevede tre tipi di indicazioni:

    1. **una definizione di conflitto**, che consente ai partecipanti di entrare rapidamente al centro del problema oggetto dell'incontro divulgativo;

    2. **la formulazione di due domande aperte** che stimolano la riflessione dei singoli e del gruppo, nel loro insieme, sui potenziali comportamenti che facilitano:

        a) il nascere del conflitto;

        b) il crescere del conflitto;

        al fine di poterli individuare e discutere in gruppo e in modo interattivo e coinvolgente;

    3. **cinque concetti propedeuticamente indicati ed elencati** con cui il divulgatore potrebbe affrontare la restante parte dell'intervento:

- IL CONFLITTO NELLA SOCIETÀ;
- IL CONFLITTO È LA SUA GESTIONE;
- LA SCELTA DELLA MEDIAZIONE;
- LE SUE SPECIFICITÀ;
- LA MEDIAZIONE C'È.

Il divulgatore, per lo svolgimento del proposto schema divulgativo, è supportato da apposite slides e da un filmato relativo a conflitti riguardanti studentesse e studenti e, al termine del suo intervento, per fini statistici, dovrà raccogliere le firme degli studenti presenti.

2. POSSIBILI SINGOLI APPROCCI E TRAGITTI CONDIVISI

I tragitti condivisi - attivabili dai singoli istituti - sono progetti speciali condivisi con uno o più istituti e in tutto o in parte diversi dal tragitto standard. Quest'ultimo viene invece sviluppato come segue:

tragitto standard proposto	singoli approcci
ATTIVITÀ SCOLASTICHE	
FASE INIZIALE	**PRESENTAZIONE DEL PROGETTO**
Fino a tre interventi divulgativi per anno scolastico per istituto con non più di due classi per ogni singolo intervento.	Attività di presentazione del progetto a nuovi divulgatori o ad insegnanti o ad altri interessati.

FASE INTERMEDIA	FORMAZIONE DEI DIVULGATORI
Svolgimento dell'azione progettuale "Istituto scolastico non conflittuale".	Attività di formazione di cittadini e cittadine già formati facenti parte della rete dei divulgatori che richiedono attività formative.
FASE FINALE Formazione, presentazione e possibile impiego di mediatori tra pari, nel singolo istituto scolastico.	**AGGIORNAMENTO DEI DIVULGATORI** Attività di aggiornamento di cittadini e cittadine formati facenti parte della rete dei divulgatori.
	APPROCCIO MINIMALE Fino a tre interventi divulgativi per anno scolastico e per istituto con non più di due classi per ogni singolo intervento.
	TEATRALIZZAZIONE DEI CONFLITTI Attività degli studenti sulla base di vissuti degli studenti facilitata nel singolo istituto scolastico preferibilmente nei casi in cui avviene almeno l'approccio minimale.

ATTIVITÀ EXTRASCOLASTICHE	
	PRESENTAZIONE DI LIBRI Attività di divulgazione della cultura della mediazione attraverso la presentazione, il commento e le riflessioni che ruotano interno ad un'opera libraria in materia di mediazione.
	SOSTEGNO DI TESI Attività di sostegno, indirizzamento e confronto esercitata a favore di studenti universitari impegnati all'elaborazione di tesi sulla mediazione.

3. FINANZIAMENTO DELLE ATTIVITÀ PROGETTUALI

La modalità principale con cui sono finanziate le azioni progettuali è il cinque per mille. Il cinque per mille può essere destinato al progetto indicando nell'apposito spazio del modulo fiscale il seguente codice fiscale:

0	3	2	7	6	3	2	0	4	0	9

Perché sostenere il progetto INVECE DI GIUDICARE conferendo il cinque per mille a RISORSA CITTADINO soc. coop. sociale?

1. perché attualmente è l'unico modo per farlo giungere alla mediazione;

2. perché viene interamente utilizzato in quanto la somma impiegata non è ridotta da costi di pubblicità, raccolta e reimpiego;

3. perché viene integralmente utilizzato in interventi nelle scuole;

4. perché i beneficiari diretti e indiretti sono giovani;

5. perché rende possibile la promozione di una cultura e di uno strumento applicativo al tempo stesso;

6. perché facilita il diffondersi nella società di una buona pratica: il dialogo, ed un approccio: il pragmatismo;

7. perché non ha costi per chi sostiene il progetto;

8. perché consente al progetto autonomia, libertà, indipendenza;

9. perché l'utilizzo dichiarato può essere controllato;

10. perché è finalizzato a concorrere ad un cambio culturale.

Ci sono però altri modi **di sostenere economicamente** il progetto:

- acquistando, o facendo acquistare, uno dei libri "Discorso sul dialogo – riflessioni ed argomentazioni" o "Conflitti, negoziati e negoziatori. Dimensioni del dialogo attraverso la storia", il cui intero ricavato della vendita sostiene il progetto;

- effettuando o sollecitando sostegni economici all'azione progettuale attraverso donazioni a "BuonaCausa"(http://buonacausa.org/cause/invece-di-giudicare);

- costruendo uno o più progetti da sottoporre all'Istituzione Europea;

oppure di ***sostenere indirettamente*** il progetto:

- parlando del progetto a colleghi e amici;

- chiedendo ad amici e colleghi di destinare il loro 5 per mille al progetto;

- scegliendo di divenire divulgatore;

- segnalando all'organizzazione che gestisce il progetto colleghi e conoscenti interessati a diventare divulgatori;

- segnalando all'organizzazione che gestisce il progetto Dirigenti scolastici o insegnanti di scuole medie superiori interessati a interventi divulgativi o all'azione progettuale "Istituto scolastico non conflittuali".

www.ingramcontent.com/pod-product-compliance
Lightning Source LLC
LaVergne TN
LVHW041233200726
843507LV00013B/2677